——只有用心才看得清楚

每天晚上，阿然吃完晚飯便會在離家不遠的園林漫步。某天漫步時，突然聽到一把聲音在唸詩。他沒有考究對方是誰，只偷偷站着聽了一陣子，覺得那聲音既親切又誠懇。

之後兩天，阿然也同樣漫步，聽到唸詩的聲音時，他放慢腳步聽着，偶爾會覺得好笑，然而，為了避免打擾，他還是忍住不笑。

第四天，他再次聽到唸詩的聲音。

「哈哈哈哈！」阿然忍不住大笑。

「你是誰？在笑什麼？」那聲音受驚問道。

「對不起，沒有什麼，只覺得你唸的詩很有趣。實不相瞞，我每晚都走到這裏聽你唸詩，我叫阿然。」

「那些詩是我寫的，謝謝你的欣賞，也謝謝你當我的聽眾。」

「很好呀！ 希望以後可以聽到你唸更多詩。噢，你是誰？」

「我是星星。」

之後每晚，阿然都懷着期待的心情走到園林，靜悄悄地坐在樹下聽星星唸詩。因為有阿然，星星唸得特別起勁，音調抑揚頓挫，速度有快慢變化，像演奏一首優美的樂章，又像在訴説故事似的。有時阿然會因為聽到那些詼諧滑稽的情節而捧腹大笑，有時則感動得鼻子酸了，眼睛紅了。

就這樣，他們一起度過很多愉快的夜晚。

有一晚，阿然好奇地問:「星星，你每晚都高高掛在天上，又會作詩唸詩，你必定非常閃亮耀眼，甚至可以照亮大地，對嗎？」星星沉默很久也沒有回答。

「你唸的詩很有趣，可以給人正能量，帶給人無限歡樂。」阿然繼續説道。

「其實，我沒有你想像得那麼好，我的樣子不好看，」猩猩垂下頭，低聲說，「我比任何人都平庸，不是天上的星星，也從來不是閃亮耀眼的，我只不過是一頭在園林生活，懂得唸詩的猩猩。上一次我沒有說清楚，讓你誤會，真對不起。」

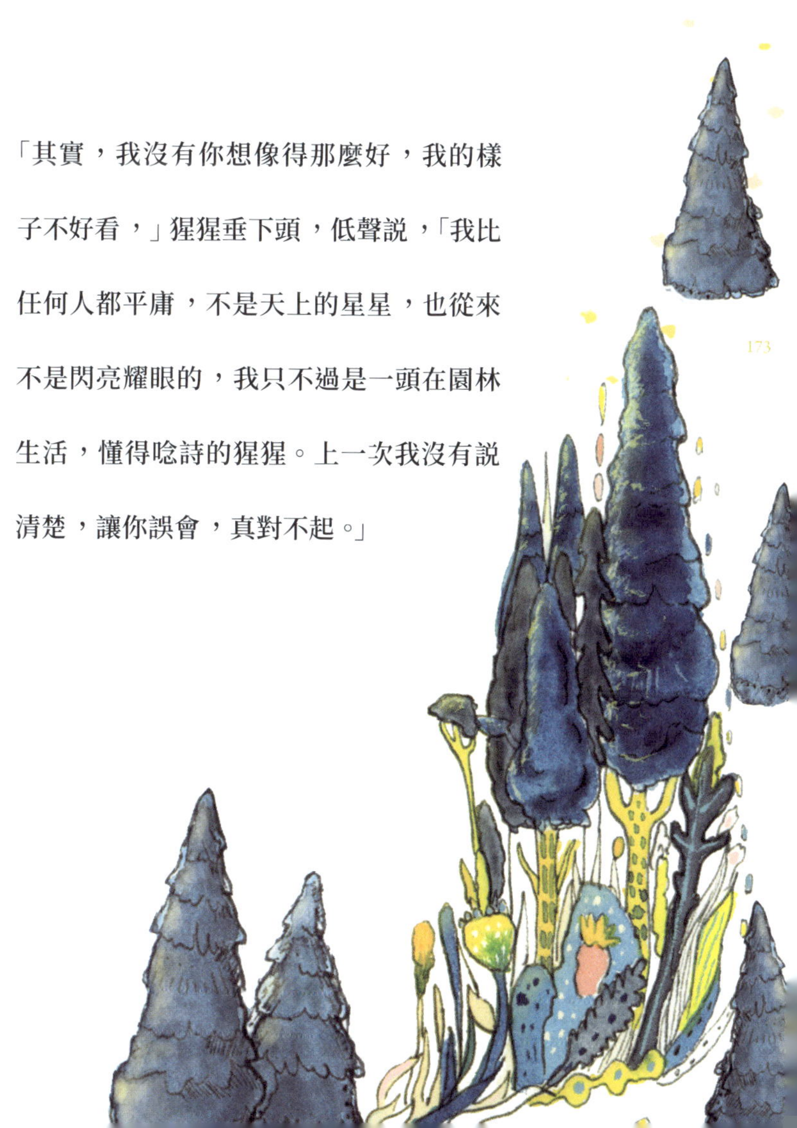

「不要緊，老實告訴你，其實我是瞎子，不管你是天上的星星，還是園林裏的猩猩，其實也沒有什麼關係，因為我根本看不到你。不過，你終究照亮了我的人生。」阿然微笑說。

「雖然我看不見你真正的模樣，但，我能夠用心去感受。在我心目中，猩猩，你就是最閃亮耀眼的星星。」

瞎子看星

作曲：Michael Luk

作詞：連倩妤

編曲：Michael Luk & Frankie Yip

監製：John Laudon

當天竟碰到童話中一顆真摯晚星
你竟釋出那唸詩本領
療癒我裂碎心靈
從詩聽到你表情
誰要靠眼睛
夜裏海風聲與葉兒呼應
愈看不見
愈會細心用耳傾聽
（猩猩：渺小的我被人　當晚星算荒誕事情）
情感都給帶動
心跳亦和應
（猩猩：拒以「星」作命名　我欠高雅閃爍外形）
風景怎去過濾
方可似蒸餾水
（猩猩：美好地作詩句）
瞎眼的心水清澈敏銳
（猩猩：便有活過根據　在沉悶裏生趣）
純粹得　不可靠肉眼望你是誰
單靠直覺伴隨
（猩猩：沒作假　無弄虛　你被我欺騙到了我亦心虛
不對　要坦率說出每一句）
只小心安放獨一加上無二的你
在心裏
（猩猩：要有古怪味蕾　至覺得我很對　還為我默許）
風景怎去過濾
方可似蒸餾水
（猩猩：心清知誰好　在黑暗的國度　在迷失中帶路）
（誰像晚星在這夜裏明亮黑暗的國度）
瞎眼的心水清澈敏銳
（猩猩：動人風景　從此逐一聽到）
純粹得　不可靠肉眼望你是誰　單靠直覺伴隨
（猩猩：即使會絆倒　捉緊你就好）
敢摸黑的向熟悉聲線無懼擁抱
（猩猩：稀罕你的良善已非肉眼能望到）

瞎子看星

// 連倩妤

這首歌是關於阿然和一把聲音的相遇。

當他們自我介紹時，那把聲音說自己是「猩猩」，阿然誤以為他是「星星」，之後他們經歷了一些快樂的時光。

有一晚，阿然忽然問對方是否天上的星星時，那一把聲音自卑地回應他說，自己不是天上耀眼的星星，只是森林裏一隻其貌不揚的猩猩。

阿然反過來安慰猩猩說：「其實我是瞎子，根本看不到你究竟是天上的星星或是森林裏的猩猩，但，你是什麼並不重要，重要的是你的的確確照亮了我的生命。」

我相信有些真正重要的東西，未必能夠用眼睛看，而是需要用心去感受，正如經典著作《小王子》所說的："What is essential is invisible to the eye. It is only with the heart that one can see rightly."。

我希望用這首歌説明內觀的重要，真正重要的東西是眼睛看不見的，往往需要用心去看才能感受得到。假如你向盲人形容星星，他看到的或許比你看到的還美麗。

當我們判斷人的美醜時，不單從外表，還可以深入內心，發掘其他有價值的東西。

另外，我想用歌詞和故事帶出另一個主題——殘缺，當猩猩為了自己的外表而感到自卑時，卻意外發現原來阿然是瞎子，究竟誰是完整，誰是殘缺？

其實沒有一個人是完美的，再美好的人也有不足的部分。不過，當兩個殘缺的人在一起時，互相填補後，便是圓滿和完整，就像故事中的兩位主角。

小記：這首歌本來是我送給一位外地朋友，故事靈感源自我和她的日常對話，她是一位很有溫度的人，除了熱愛生命，還喜歡無條件地與人分享，她就是隨時隨地都給予別人快樂的一類人，就像是天上一顆閃亮的星星，無時無刻都要照亮他人。願她可以擁有更多快樂，也祝福她永遠閃亮耀眼！

看到的就真實？

// Eunice

就算是看似多麼的真實，
我們也應凡事抱一點懷疑，
給自己空間有機會再接近一點事實。

有很多人對失明人士如何學習摸不到、嗅不到、聽不到、感受不到的概念及情景，例如顏色、天文景象等都有一點好奇及疑問。事實上，若當事人是先天全失明，他只知道世上有一些類別叫顏色或一些景象叫星和雲——摸不到、嗅不到、聽不到，也感受不到。但卻是健視人士日常生活中重要的生活知識。可是，對從未見過或用過顏色、星或雲的先天全失明人士而言，這些知識對他們的日常生活並沒有什麼功能，更沒有多大誘因去追求這些對他們生活起不了實質作用的知識。若然是為了與健視人士溝通，訓練員會儘量用一些近似景象的物品，讓失明人士用觸感感受一下景象的一些重要特徵。例如，用楊桃比喻星的形狀；用棉花比喻雲的柔軟型態。他們掌握這些抽象知識就是靠他們與代替品的直接體驗，當刻的感覺便是他們對這些知識的全部。有人會為他們的限制感到無奈，但當我們反問自己，難道健視人士認識星星的全部嗎？我們何嘗不是只抬頭望天，看到星星的形態，便當作是星星的全部嗎？若我們真的能夠直接接觸一顆我們口中的星星，你認為你仍然會同意楊桃的形狀最似真正的星星嗎？

瞎子看星與我們健視人士看星是沒有分別的。我們都是按我們所得的資料作出推斷，包括對事件的個人經驗與感受。用以上星星的例子，我們並不會懷疑自己對星星的認識有多真確，因為我們均認為眼前的景象千真萬確。但當我們對星星進行更深入的探討，我們不難發現星星不是五角形。只是前人用五角形與此天文現象連繫起來象徵不圓滑、凹凸不平的狀態，再將五角形與我們的語言「星」或「STAR」連繫上。我相信大家都不會否認我們口中所認識的星，與在太空真實的星其實是兩碼子的事。

能真正直接接觸和全面了解星是什麼的人不是很多。若我們直接得到天文學家為我們發放最全面有關星的資訊，才稍微接近事實。但若我們是透過不同渠道、多重轉遞接收資訊，當中又會有多少與真實相符呢？

曾經有研究發現，現場證人目擊事發經過，口供普遍存在極大誤差。其中一個主要原因是證人在憶述親身經歷時加插了很多「以為」。這些「以為」正正是證人將過去聽過相關案件的故事，與他的親身經歷在無意識下混淆在一起。但證人卻確信所報告的內容全部是與他親眼目擊，即事實。由此可見，就算是看似多麼的真實，我們也應凡事抱一點懷疑，給自己空間有機會再接近一點事實。

你是最好的，你知道嗎？

// Mary

對某些人來說，他可能是一隻面目可憎的大猩猩，但對於瞎子來說，他卻是生命中給他最多溫暖和光明的「星星」。

邀請你這一刻做一個小活動：找一張紙和一支筆，用兩分鐘寫出你喜歡自己的地方。然後，用兩分鐘寫出你不喜歡自己的地方。

* * *

寫好了嗎？結果出來後，發現你喜歡自己的地方多，還是不喜歡自己的地方較多？

從過往接觸的輔導個案中，或是到不同的學校、教會、機構等等地方舉辦培訓時，都會發現，很多人很容易列出不滿意自己的地方，但要列出欣賞自己的地方，卻困難很多。

不知道你有沒有這樣的感覺？

我們的文化環境，總會給我們一個想法，如果讚賞自己，就代表驕傲自大；即使別人讚賞我們，我們的第一個反應都要先否認，甚至認為別人的讚賞只是客套說話，並非真誠的。要是相信了，我們沾沾自喜了，又是一種自大。

如果想做一個給人感覺謙虛的人，我們必須找出自己的缺點，對自己「嫌三嫌四」，那我們便被認為是一個有自知之明謙虛的人了。

我就是這樣成長的了。

小時候，即使內心對自己的表現很滿意，但口裏總是要裝作厭棄自己，到長大了，這些假裝內化了，真的相信自己是一個很差勁的人，一無是處。

即使別人讚自己唱歌好聽，或者為人有什麼值得欣賞的地方，心裏都會有一把聲音，馬上否定所有的正面說話及欣賞，似乎必須對自己欲求不滿，才能不停追求進步。

久而久之，不難想像，我便成為了一個很大壓力、很繃緊的人。更嚴重的是，我甚至變成了一個很難接受別人的由衷欣賞及愛護的人。

這個狀況的轉捩點，是一次與我師傅（這次企劃中的作曲人及演唱者 Michael）的對話。

那一天，我又不停地嫌棄自己，覺得自己唱得不夠好，音樂的造詣又不足，這裏不好，那裏不好，更因此感到非常沮喪。

那時，我相信已對我忍耐很久的師傅，語重心長地教訓了我一頓：

「當你不停踐踏自己時，有沒有想過同樣是在踐踏每一個幫助過你及欣賞你的人？

那些喜歡你唱歌，更跟你學唱歌的學生，你是在踐踏他們的眼光嗎？

我把你教出來，你是在踐踏我的教學嗎？

那些邀請你合作的人，你是在踐踏他們的品味嗎？」

那一刻，我真的如當頭棒喝被提醒了。

或許我不是完美（根本沒有人是完美的），或許我還有很多可以進步的地方，但我們還是必定有可愛，值得欣賞的地方。

當我們聽不同歌手唱歌時，往往就是這些歌手的聲音和技巧中的限制甚至缺點，造就了他的個人風格，提高了他歌聲的辨識度，成為了他歌聲使人最有感覺的部分，亦是別人最喜歡的地方。

人與人的關係也是這樣，這個世界沒有完美的人，就像故事中的那隻猩猩。對某些人來說，他可能是一隻面目可憎的大猩猩，但對於瞎子來說，他卻是生命中給他最多溫暖和光明的「星星」。

我們身邊有沒有需要我們去照亮的瞎子？

晚星，黑暗裏的光

// 周冠威

創造主設計大自然很奧妙，光合作用、食物鏈、生態系統、太陽系、銀河系——那種完美極致的平衡、美感、善意、生命力，令人驚歎。我們知道一幢高樓大廈有人去設計，更為精妙萬分的大自然，又怎能不相信有神在設計？

晚星，黑暗裏的光。神啊！祢在告訴我世上縱使黑暗，仍然有光？我們看不見神，但看得見所造之物，有些問題，大自然就是答案。

我們活在被黑暗籠罩的香港，作惡的人掌控權力，良善的人失去自由，不論是流亡海外、被囚在監、還是屈從噤聲。面對這個現實，我和六歲兒子有以下的對話：

兒子：我不想離開香港！

我：為什麼這樣說？

兒子：我想念皿皿（他的好朋友，已移民去台灣）。

我：你都知道，政府很差，香港生活很困難，爸爸都有考慮去台灣，你有沒有什麼意見？或者你祈禱問神要怎樣決定？

兒子：留在香港，可以一起努力，將香港變返美麗的香港！

我：……

我：如果爸爸拍攝的電影，有機會被警察捉去坐監，你覺得爸爸應不應該去拍攝？如果爸爸被捉去坐監，你會好長時間見不到爸爸！

兒子：政府看完爸爸的電影，變成好政府！

我：……

我的問題藏着恐懼，兒子的答案卻充滿單純、盼望、信心、大愛，我深信是源於基督，就像黑暗裏的光，給予我力量堅持，敵擋恐懼，懷着信仰前行，神最終都會施行審判，成就公義。

「你們的光也當這樣照在人前，叫他們看見你們的好行為，便將榮耀歸給你們在天上的父。」（〈馬太福音〉5:16）

晚星，黑暗裏的光，我希望自己都可以做得到。

良善的人，你們在漆黑之中，看到天上永不熄滅的星星嗎？

星猩相惜

// 連倩好

頻率很微妙，有些人，認識很久，常常見面，知道對方不能成為好朋友。有些人，很少見面，甚至素未謀面，剛剛相識已經視對方為知己，願意與對方分享心事和秘密。

在小魚心目中，小星屬於後者。

小魚出生於小康之家，是家中獨女，四歲上幼稚園時，天天不停哭和尖叫，爸媽一直將此歸咎於她個性害羞和膽小，遇見陌生人或到新地方感到畏怯。後來，老師發現她看東西的眼神怪怪的，時常「瞇起眼睛」。在班房裏走路時，又經常撞到椅桌。經過視力檢查後，醫生診斷她有家族遺傳的弱視。

幸好得到及時的治療，否則可能導致永久失明。

治療後，小魚的近視依然接近一千度，從小便戴上一副厚厚的膠框深近視眼鏡，加上「冬菇頭」和笨拙的動作，同學們都取笑她為「林亞珍」。嚴重的近視除了阻礙她的學習外，也影響了她的社交和自信。

小魚漸漸變得沉默，不願意與別人交談，也不擅於表達自己。沒有特別嗜好，只喜歡閱讀和寫作。除了朝九晚五的文職工作，她喜歡在網絡上分享自己的生活點滴、創作故事。她沒有親密的朋友，卻從來不覺得寂寞。假如可以選擇，她寧願遠離人羣，一世躲在部落格裏，過着安靜又自在的生活。

* * *

「你好，我是小魚，良久也找不到你的著作，麻煩請告訴我，可以在哪間書店購買。」

小星是一位外國作家，他的著作不常出現在本地的實體書店裏，小魚冒昧以電郵聯絡小星。

經過簡單的自我介紹後，他們於社交平台上成為朋友，大家志趣相投，不時互相分享作品、生命的看法、寫作和閱讀心得。

小魚喜歡閱讀小星溫暖又誠懇的文字，反映他對生命充滿熱情。在社交平台上，小魚發現小星除了寫作，也擅長繪畫和烹飪，才華洋溢。對於一位在溫室長大、不懂下廚、不精通藝術的小魚來説，小星的生命顯然有趣又吸引。

最與眾不同的地方是，在小星身上，小魚感受到獨一無二的安全感，讓她可以安然跟他分享日常生活的瑣事、感受、想法，甚至坦率的告訴他一些不可告人的秘密，例如她的脆弱、缺陷和恐懼。小星願意聆聽，也默默地承載小魚的眼淚。

他們偶爾會以書信聯絡。在這個數碼年代，飄洋過海而來的書信，都顯得格外珍貴。每次收到小星的信件，小魚都會小心翼翼地拆開包裹，細心地把信閱讀很多遍，親手寫的字句盛載着溫度，教她閱讀過後，感覺幸福。她珍而重之地把它們安放好，想念他時便一次又一次小心地拿出來，看完再看。

* * *

一天，小魚看完醫生，快要崩潰之際，她發送了短信給他。

「我的近視和散光又加深了。」

「醫生也不知為何，我的視力忽然變差了，晶狀體也花了，但暫時沒有什麼方法可以改善，只希望情況不要惡化。」

她想告訴他，她很恐懼，害怕不能再看電影、書本，不能再寫作，死亡般的可怕。

「睡前熱敷，多吃些補眼的食物，要好好保護眼睛，見面時看清彼此。」小星回覆。

小魚的淚水，源源不絕地湧出來。

她想告訴他，摘下眼鏡時，眼前一片模糊，仿似漫步在霧中的感覺，其實有多恐怖。

她又想告訴他，她的眼睛不會變好，不會有看清他的一天，甚至會隨時瞎掉。

哭了一場，睜開眼睛後，發了這幾個字給小星：「你是天上的星星。」

「我是猩猩。」小星回應，再加了一隻猩猩圖像。

小魚微笑，把想說的話留在心裏。

等待自己平靜下來，她拿起筆，寫了一個有關星星和猩猩的故事。寫着寫着，把故事的最後一句，一絲不苟地寫下：「最重要的東西，只要用心才看得清楚」。

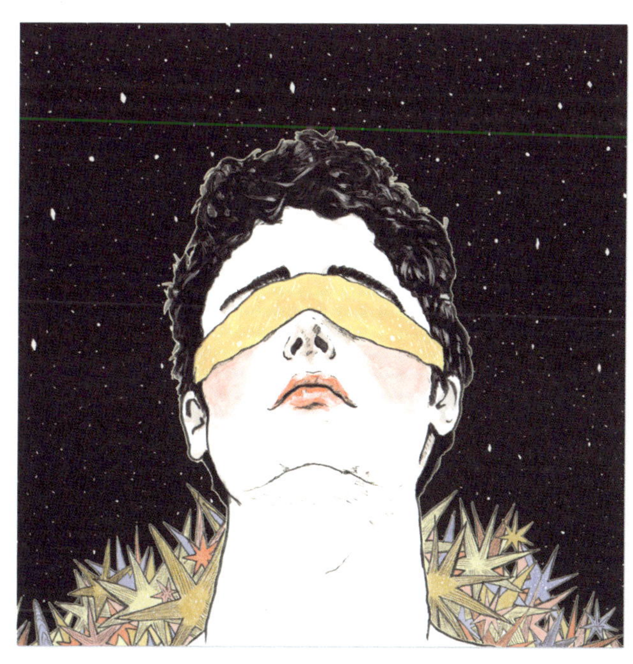

黃岳永 / 本企劃顧問

藝術的細膩，總是猝不及防觸碰到內心一隅，一首歌、一幅畫，訴說的感受與信息勝過千言萬語。作為載體讓創作者和觀賞者隔空交流，藝術超越了時間空間，將素未謀面的兩個個體連繫，為失語的心靈發聲。

各人自有各自的「黑暗」，盼望這個企劃的某首歌、某幅畫、某段文字，可以為你疲憊的心靈添一分力。大時代裏好好照顧自己，見字坐直休息多喝水，才能走得更遠。

突破出版社

突破叢書

本書集合了音樂人、插畫師、
心理輔導員、兒童心理學家、
社工、電影導演參與，
以文字、畫像和音樂，分享人生，
邀請你在這本圖文書內一同感受與反思，
得着心靈的療癒。

每一章包括

- 動物寓言故事
- 主題曲（可以透過二維碼登入網上平台收聽）
- 故事插畫
- 心靈短文和微小說

- 斷尾蝌蚪 —— 我還有選擇
- 毛與鱗比 —— 珍惜每一次相遇
- 當刺蝟愛上氣球 —— 只要愛足夠
- 假如刺蝟沒有刺 —— 別人喜歡的是一個真正的我
- 瞎子看星 —— 只有用心才看得清楚

心理 · 勵志
ISBN 978-988-8562-52-7
9 789888 562527
HK$98

本書榮獲第十屆**香港中文文學雙年獎**兒童少年文學組推薦獎

去中國人的幻想世界玩一趟。

阿濃

圖・棗田

阿濃

原名朱溥生，教育工作者，業餘寫作，著有散文、小說、童話、新詩超過一百種。六度被中學生推選為當年最喜愛作家，2009 年獲香港教育學院首次頒授的榮譽院士，表彰他對青少年教育工作的貢獻。近作有《幸福窮日子》、《美言一百》、《聲動千載——中國人憑歌寄情的故事》、《當好學生遇上好老師》、《阿濃陪你讀唐詩》、《且聽下回分解——阿濃談中國古典小說》及《聽君一「夕」話——阿濃談文學論人生》等。

與濃同行

棗田

自由插畫創作人，用畫傳意，盡心耕耘。喜愛大自然，愛看天、看海，喜歡探索一些陌生的角落和地方。希望透過出版，將藝術和文字結連，帶出在地不同的情。最近參與的作品有《小喬守護的情》、《且聽下回分解——阿濃談中國古典小說》，童詩集《文字築覺》、圖文書《海底音樂盒》，以及繪本《爸爸的傑作》等。

棗田